FACULTÉ DE DROIT DE TOULOUSE.

THÈSE

POUR OBTENIR

LE GRADE DE LICENCIÉ,

SOUTENUE LE 4 AOUT 1851

Par M. Fourtanier (Félix=Joseph=Henri),

Né à Montgiscard (Haute-Garonne).

TYPOGRAPHIE DE J. DUPIN, RUE DE LA POMME, 23.

1851.

ACTE PUBLIC

POUR LA LICENCE

En exécution de l'Art. 4, Tit. 2, de la Loi du 22 Ventôse

JUS ROMANUM.

INST. LIB. II, TIT. XIII.

De exhæredatione liberorum.

In primis Reipublicæ temporibus, nullis limitibus circonscripta erat testatoris libertas. Mortui voluntas jus erat supremum, dùm lex duodecim Tabularum sola vivebat. Sed postea, videns jurisprudentia tantæ libertatis incommoda, atque simul estimans liberos sub patrisfamiliâs potestate positos, cum illo unam esse personam, et quasi commune dominium habere, undè hæredes sui dicebantur, statuit ut si pater filium ex hæreditate repellere vellet, palatìm facere deberet. Ex eo tempore, non potuit testator extraneum instituere hæredem, nisi priùs debitam suis hæredibus hæreditatem ademerit exhæredatione.

Exhæredatio est : hæreditatis ademptio suis hæredibus ritè facta. Testatoris potestas adhùc ipsa est, sed exhæredatio testamenti validitati fit necessaria. Præteritio erat : omissio institutionis et exhæredationis, id est qui neque hæres ritè institutus, neque, ut oporteret, exhæredatus erat. Exæredatio fit duplici modo.

Sed priùs, illi tantummodò sunt exhæredandi, qui in potestate patris remanserunt, et qui primum obtinuerunt in familiâ gradum; undè nepos non est, ut verum dicam, avi hæres suus; nam ut ille sit, opus est ut pater ejus desierit hæres suus esse, aut morte interceptus, aut alio modo liberatus potestate. Undè exhæredatio ad solos hæredes attinet, qui hæredes sui vocantur, id est qui sunt in morientis potestate.

Ut suprà dixi, duobus fiebat modis exhæredatio. *Nominatim*, cùm nomen ipsum, aut certum signum designetur; sic : *Titius, filius meus, exhæres esto;* vel si alius filius non exstet: *Filius meus exhæres esto*, non adjecto nomine; sic enim nominatim quis exhæredari videtur; — *Inter cæteros*, cum diceret hoc solum testator : *Cæteri exhæredes sunto*.

Tunc, etiamnùm lege duodecim Tabularum regnante, paterfamiliâs poterat, ut dixi, impunè præterire, vel exhæredare liberos suos, secundùm voluntatem suam. Sed posteà hoc injustum omnibus visum est; itaque ex prudentum interpretatione placuit ut paterfamiliâs instituere aut exhæredare teneretur liberos, discrimine servato inter natos et posthumos, suos, emancipatosque, adoptivos et naturales.

Filius suus hæres, erat vel instituendus, vel nominatim exhæredandus. Alioquin si esset præteritus, testamentum erat ipso jure nullum, ità ut non convalesceret, quamvis vivo patre defunctus esset filius; sic erat regula catoniana.

Filiæ atque nepotes, etiam sui hæredes non nominatim, sed exhæredari inter cæteros, poterant. Atque si essent præteriti, testamentum non erat nullum; sed tunc illis dabatur jus accrescendi usque ad certam partem; itaque hæredibus suis institutis virilem, extraneis hæreditatis dimidiam partem, præteriti habebant. Emancipatos, jure civili, neque hæredes instituere, neque exhæredare necesse est; sed Prætor omnes si hæredes instituantur, exhæredari jubet. Itaque masculi emancipati qui nec instituti, nec nominatim exhæredati sunt; atque emancipatæ feminæ, quæ nec institutæ, nec exhæredatæ inter cæteros, bonorum possessionem habent et sic testamentum evertunt. Ritè autem exhæredatos non admittit Prætor ad bonorum possessionem contra Tabulas, sed si velint inofficiosi querelam testamenti instituere, in ipsorum est arbitrio.

Posthumi etiam liberi, vel exhæredari, vel hæredes institui debent. *Posthumus*, est ille, qui post mortem patris, vel etiam post ejus testamentum, nascitur; habent inofficiosi querelam testamenti, si existiment sese injuriâ exhæredatos. *Posthumus* est *suus, alienus* vel *quasi-posthumus* : *suus*, est ille qui si nasceretur, dùm vivit testator, in primo gradu et ejus in potestate esset; *alienus* est ille qui, si nasceretur dùm vivit testator, nec in primo gradu, nec in potestate esset, ut nepos ex filio, et nepos ex filiâ; *quasi-posthumus*, est ille qui post testamentum, in primum gradum ascendit, quasi-agnascendo, moriente filio ante avum. Omnes posthumos paterfamiliâs instituere vel exhæredare debet; at est differentia in formâ exhæredandi. Masculi *posthumi* et *quasi-posthumi* erant vel instituendi, vel nominatim exhæredandi, hoc scilicet modo : *Quicumque mihi filius genitus fuerit exhæres esto*. *Posthumæ* et *quasi-posthumæ* poterant exhæredari nominatim vel inter cæteros, dum tamen aliquid eis legetur, ne videantur præteritæ esse per oblivionem. Semper benignè judicandum est de patrum erga liberos voluntate; de filiâ autem superstite quam natam pater novit, dubitari non potest quin eam tacitè comprehenderit sub simplici et indeterminatâ exhæredatione. Qui aliquid legavit filiabus censetur et de posthumâ sensisse, si ejus aliquâ parte testamenti mentionem fecerit.

Adoptivi liberi idem jus habent, quamdiù sunt in potestate patris, quod habent naturales; itaque hæredes instituendi vel exhæredandi sunt; et omnia quæ de legitimis diximus, eadem dicenda sunt, circà adoptivorum exhæredationem. At cùm emancipati fuerint ab adoptivo patre, tunc veluti naturali patre emancipati videntur. Undè periclitabantur filii, ne utriusque successione exciderent; non enim poterant hæredibus patris naturalis qui jam hæreditatem adiissent, extorquere jus quæsitum, atque propter emancipationem ultimam, nullum jus habebant in successione patris adoptivi, namque nec jure civili, nec jure prætorio tenetur ille, eos instituere, vel exhæredare.

At huic veteri juri magnas emendationes attulit, et omnes differentias sexûs et gradûs sustulit, Justinianus, atque exhæredationem inter cæteros. Itaque omnes liberi, sive mares sint, sive feminæ, cùm æquè sint homines, sui, vel emancipati, cùm et hi æquè sint liberi; sive primi gradus, ut filii, sive ulterioris, ut nepotes, nati sive posthumi, si non instituantur hæredes, nominatim sunt exhæredandi.

Attamen ea mansit adhuc differentia, quod, filio jam nato præterito, testamentum ab initio fit inutile. Circa adoptivos filios, imperator hanc induxit divisionem, nempè est adoptio quæ non tribuit jus potestatis, nihil juris adimat adoptato, quin cùm reliquis adhuc suis fratribus patri naturali succedat; tribuat autem jus succedendi ipso adoptivo patri saltem intestato. Sed ea adoptio quæ tribuit jus potestatis patriæ, tribuit adoptato eadem jura quæ filii naturales habent, adimit autem ea quæ à patri naturali debentur.

Si liberi à matre, vel avo materno præteriti sint, tunc pro exhæredatis habentur, illisque sola inofficiosi testamenti querela superest.

Justinianus quoque voluit patres, non solâ eorum voluntate, liberos exhæredare, sed ex justâ causâ in testamento exprimendâ; itaque in novellâ 105 has justas causas numerat.

CODE CIVIL.

De l'action en nullité ou en rescision (1304 à 1314), combinée avec les art. 1109 et 1135 qui en indiquent les causes.

La nullité est le vice qui empêche un acte de produire son effet; la rescision, au contraire, est l'action que les lois accordent à celui qui a à se plaindre de quelque dol, violence, erreur ou lésion, dans les actes où il a été partie, pour se faire remettre en l'état où il était avant ces actes.

Ces définitions données, voyons quelles sont les diverses espèces de nullités et de rescisions, et quelles sont les différences qui subsistent entre ces deux actions.

Des différentes espèces de nullités et de rescisions.

Parmi les nullités, il en est de fondées sur l'intérêt public, d'autres, sur l'intérêt privé. — Les premières sont absolues et peuvent être invoquées par les intéressés dans tout état de cause, et même par le ministère public; elles ne sont susceptibles d'aucune transaction, d'aucune ratification. Les secondes ne sont que relatives, elles ne peuvent être invoquées que par ceux dans l'intérêt spécial desquels elles sont prononcées ; de plus, elles sont soumises à plusieurs fins de non-recevoir.

Ainsi, lorsque en matière personnelle on est appelé devant un tribunal autre que celui de son domicile, on peut demander a être renvoyé à ses juges naturels; mais il faut le faire avant de proposer toutes autres exceptions. Si le tribunal, au contraire, est incompétent à raison de la matière, le renvoi peut toujours être demandé; il doit même être ordonné d'office, si les parties oublient de le demander.

Quelques nullités, quoique fondées sur l'intérêt privé, sont cependant d'une nullité absolue; celles, par exemple, qui anéantissent radicalement un acte et le font regarder comme non-avenu, même vis-à-vis des tiers, et qui peuvent par conséquent être invoquées par toute personne intéressée à ce que l'acte soit sans effets.

Ce n'est point le motif qui a porté le législateur à la prononcer, qui rend une nullité absolue; mais plutôt sa volonté d'anéantir l'acte sans restriction aucune.

Il n'est jamais permis de ratifier une nullité absolue, si elle repose sur l'intérêt public, à moins cependant que l'acte n'ait cessé d'être illicite ; quant à celles qui reposent sur un intérêt privé, la ratification ne peut rétroagir au temps de l'acte.

Il faut encore distinguer parmi les nullités : celles qui sont prononcées par la loi elle-même, et qui par suite ont lieu de plein droit, et celles qui ont besoin d'être prononcées par le juge; cette distinction résulte de la nature même des choses, et est consacrée d'ailleurs par l'art. 1117 du Code civil.

La nullité de droit est prononcée par loi, lorsque un vice intrinsèque et apparent, empêche le contrat de se former; la loi s'y étant d'avance opposée. Tels sont, par exemple, les engagements contractés par un incapable, et les violations des formes prescrites dans la rédaction d'une donation ou d'un testament. L'acte produit démontre lui-même la nullité. Et s'il est nécessaire de s'adresser au juge, dit M. Toullier, ce n'est pas pour qu'il prononce une nullité déjà déclarée par la loi, mais parce que personne, dans un Etat civilisé, n'a le droit de se faire justice à soi-même.

Si, au contraire, le vice est intrinsèque et caché, comme dans les cas de dol, erreur ou violence, le contrat est bien encore nul, mais d'une nullité non apparente et qu'il faut nécessairement constater par une instruction. Aussi, jusqu'à ce que cette nullité ait été reconnue et constatée par un jugement, il y a une apparence de contrat qui produit des effets.

Ces opinions ne sont point admises par tous les auteurs, notamment par M. Duranton, qui pense qu'un acte ne peut pas être considéré comme non-avenu, par cela seul que la loi l'a déclaré nul. Il s'appuie sur ce que l'action en nullité des actes faits par les interdits a un terme; qu'elle ne dure, d'après cette même loi, que dix ans, et que l'acte doit nécessairement produire tout son effet, s'il n'est pas attaqué dans ce délai.

Quant à nous, nous nous bornerons à dire que l'acte nul est un simple fait, qui n'a point d'existence légale, et qui ne peut être confirmé, ni par le laps de temps, ni par aucun mode d'approbation. De cet acte nul, résulte, c'est vrai, l'apparence d'une obligation, qui suffira peut-être pour amener l'apparence d'une exécution. Mais, dans ce cas, il faudra s'adresser à la justice pour faire déclarer la vérité, et ordonner la restitution ou la destruction de ce qui, en réalité, a été donné ou fait sans cause, sans qu'il soit besoin d'attaquer directement l'acte nul. Les intéressés peuvent agir comme si cet acte n'existait pas; ils seront toujours recevables, si on leur oppose l'acte, à repousser l'usage que l'on prétend en faire contre eux, en montrant la nullité.

Mais s'il s'agit d'un acte seulement annulable ou rescindable, il est valable jusqu'à ce qu'il soit critiqué, et il est susceptible d'être confirmé par approbation ou exécution volontaire.

Toute la difficulté consiste donc à reconnaître les actes nuls des actes rescindables. En général, l'acte nul est celui qui manque des conditions essentielles pour la validité des conventions. L'absence d'une seule des conditions requises suffit pour que la convention n'existe pas aux yeux de la loi. — L'acte ne sera au contraire considéré que comme rescindable, toutes les fois que la loi, au lieu de le déclarer nul, admet l'action en nullité ou en rescision.

Nous avons défini en commençant l'action en nullité et l'action en rescision. Indépendamment des différences qui résultent de ces définitions, M. Toullier en signale encore plusieurs autres :

1° Celui qui oppose la nullité n'a rien à prouver; la loi ayant prononcé la nullité, le contrat n'a pas pu se former. Dans l'action en rescision, au contraire, le contrat a une apparence de validité qu'il conserve jusqu'à preuve contraire. C'est à celui qui l'attaque à prouver l'existence des vices qui l'annulent.

2° Le juge ne peut rejeter une nullité prononcée par la loi, il peut au contraire admettre ou repousser une demande en rescision.

3° Un acte nul ne peut pas être exécuté provisoirement; il ne produit aucun effet. L'acte seulement rescindable est susceptible d'exécution provisoire, jusqu'à ce que la nullité ait été prononcée.

Toutes ces distinctions, qui sont combattues par M. Duranton, importent d'ailleurs très peu; ces actions sont en effet soumises aux mêmes règles quant à leur durée, leurs résultats, et quant aux fins de non-recevoir qui pourraient en résulter.

De quels termes de la loi s'induisent les nullités.

C'est à la loi, et à la loi seule, qu'il appartient d'établir des nullités; le juge ne peut jamais les suppléer.

Voici donc toute la difficulté. Quand la loi devra-t-elle être considérée avoir voulu prononcer la nullité? — A Rome, on distinguait à cet égard les lois prohibitives et les lois impératives; la violation des premières entraînait la nullité, lors même qu'elle n'était point expressément prononcée.

Cette règle a été regardée avec raison comme trop absolue par les rédacteurs du Code civil.

Il faut admettre, en thèse générale, que les termes prohibitifs, employés par la loi, ne suffisent pas pour entraîner la nullité, si elle n'est pas formellement exprimée. Il est cependant certains mots, tels que : *ne peut, n'est pas valable*, etc., qui doivent être considérés comme équivalant à la nullité formellement prononcée. — Il résulte de ces mots, en effet, une nécessité précise de se conformer à la loi, et une impossibilité absolue de faire ce qu'elle défend.

Certaines lois prohibitives n'entraînent pas la nullité, lorsque une peine a été attachée à la violation de leurs dispositions; d'autres, au contraire, prononcent cumulativement la peine et la nullité.

La nécessité de laisser produire à un acte son effet légal, exige quelquefois de passer sur la violation de certaines formalités; mais il serait cependant impossible de maintenir un acte qui manquerait des conditions essentielles, encore que la nullité ne serait pas expressément prononcée par la loi. Il est donc nécessaire de distinguer les formalités *substantielles* et les formalités *secondaires*.

Mais, dans le doute, si une formalité est substantielle, il faut s'abstenir de prononcer la nullité. Cette distinction est, du reste, quelquefois fort difficile à faire.

Par qui, et de quelle manière les nullités peuvent être demandées, et les actions en rescision intentées.

La nullité ne peut être proposée que par celui qui a un intérêt né et actuel, et au profit duquel elle a été établie, à moins que la nullité ne soit prononcée de plein droit; dans ce cas, toutes personnes peuvent l'invoquer.

Les nullités fondées sur l'incapacité des parties, ne peuvent pas être invoquées par tous, mais seulement par les incapables. Du reste, les nullités, ainsi que nous aurons occasion de le dire plus tard, ne peuvent plus être invoquées dès que l'on y a renoncé, ou dès que le contrat a été exécuté, même partiellement, sauf quelques cas particuliers. N'oublions pas toutefois que la ratification n'a d'effet que relativement au vice que l'on a entendu couvrir.

L'approbation tacite, et l'expiration des délais légaux, s'opposent aussi à ce qu'un acte puisse être attaqué. Nous devons encore observer que l'on ne peut se faire un moyen des nullités qu'on a commises soi-même et par sa faute.

Tout acte est déclaré valable tant que la nullité n'en est pas prononcée par les tribunaux. La nullité ne peut être demandée par voie d'action ou par voie d'exception. Cette distinction est importante pour ceux qui admettent cette maxime : *Quæ temporalia sunt ad agendum, perpetua sunt ad excipiendum.*

La compétence du tribunal, qui doit connaître l'action, varie suivant la nature de l'acte que l'on veut faire annuler.

L'action en rescision, de même que l'action en nullité, peut être intentée au nom de toutes les parties intéressées et par ceux qui les représentent, toutes les fois que la loi autorise cette action; et voici dans quels cas cette autorisation a lieu.

La simple lésion donne lieu à la rescision en faveur des mineurs contre toutes sortes de conventions, et en faveur des mineurs émancipés contre toutes celles qui excèdent les bornes de leur capacité. Observons toutefois que le mineur ne peut être restitué contre les obligations résultant de son délit ou quasi-délit.

Les majeurs ne sont en général admis à se faire restituer contre leurs engagements, que dans le cas où les contrats qu'ils ont souscrits se trouvent entachés de vices qui en détruisent la substance. La simple lésion n'est un motif de rescision à leur égard que dans deux cas : 1° lorsque dans un partage il y a lésion de plus du quart; 2° lorsque dans une vente il y a lésion de plus des sept douzièmes au préjudice du vendeur.

La femme mariée, agissant sans l'autorisation de son mari, et l'interdit sont restituables contre tous leurs engagements.

Tout ce que nous avons dit au sujet de la compétence du tribunal et des ratifications est applicable à l'action en rescision comme à l'action en nullité.

Durée et effets de l'action en nullité et en rescision.

Toutes les controverses de l'ancien droit sont terminées par le Code qui a soumis toutes les prescriptions de ces actions (art. 1304) au délai général de dix ans, lorsqu'une loi spéciale n'établit pas une prescription plus courte.

Ainsi, la demande en rescision de la vente d'un immeuble pour lésion est limitée à deux ans. Le mariage ne peut être attaqué pour cause d'erreur ou de dol, après une cohabitation de six mois, depuis que le vice est connu.

Le délai de dix ans ne court, dans le cas de violence, que du jour où elle a cessé; dans le cas d'erreur ou de dol, du jour où ils ont été découverts.

A l'égard des incapables, le délai ne court que du jour où ils ont acquis la capacité.

Dans les contrats sans cause ou nuls en la forme, le silence de la partie ne couvre point la nullité; elle peut toujours être invoquée. Du reste, l'art. 1304 ne s'applique pas aux donations, ni aux testaments qui demeurent soumis aux prescriptions ordinaires. — Les nullités d'ordre public ne sont soumises à aucune prescription.

Des effets de la nullité et de la rescision.

Quod nullum est, nullum producit effectum. Ce qui est nul ne peut produire d'effet. Cela résulte, du reste, de tout ce que nous avons déjà dit. La nullité d'ordre public anéantit tout ce qui en est infecté; c'est ici le cas de dire : *meliùs est non habere titulum, quàm habere vitiosum.*

Le principal effet de la nullité et de la rescision est de remettre les choses dans l'état où elles étaient avant le contrat. Ainsi ce qui a été payé ou livré doit être restitué ; les obligations sont anéanties de part et d'autre.

Celui dont le contrat est annulé ou rescindé, n'ayant pas pu transmettre d'autres droits que ceux qu'il avait lui-même, et tous ces droits s'évanouissant par l'annulation ou la rescision, les charges qu'il avait créées, les aliénations qu'il avait consenties, se trouvent anéanties. Mais le demandeur en nullité est tenu de restituer ce qu'il a reçu, et les obligations respectives des parties sont, comme le contrat, mises à néant.

Cependant les mineurs, les interdits et les femmes mariées, admis en ces qualités à se faire restituer contre leurs engagements, ne sont pas tenus de rembourser ce qui leur a été payé, à moins qu'on ne prouve que les sommes qui leur ont été remises ont tourné à leur profit.

Terminons par ces mots : *Quod initio vitiosum est non potest tractu temporis convalescere.* Ce qui est nul à son origine ne peut revivre par la suite; sauf, toutefois, ce que nous allons dire au sujet des ratifications.

De la ratification expresse ou implicite des conventions nulles
(1337 à 1340).

Le mot ratification veut dire ici, l'approbation d'un acte quelconque auquel nous avons concouru, mais qui se trouve nul, ou du moins susceptible d'être attaqué, faute de toutes ou de quelques-unes des conditions nécessaires pour sa validité.

En règle générale, tous les actes sont susceptibles d'être ratifiés ou confirmés. Ce principe ne souffre des exceptions que dans les cas suivants :

1º Les nullités fondées sur des motifs d'ordre public ou sur les mœurs, ne peuvent être couvertes par aucune ratification, soit de la part des tiers, soit de la part des contractants eux-mêmes. Il est facile d'en donner la raison ; en effet, la confirmation ou ratification serait infectée des mêmes vices que l'acte ratifié, et la convention ratifiée ou non, n'en serait pas moins toujours illicite.

2° Lorsqu'un acte est nul, parce que les formalités prescrites par la loi n'ont pas été remplies, aucun acte confirmatif ne peut réparer les vices dont il a été infecté à son origine ; il faut nécessairement que l'acte soit refait en la forme voulue. Tel est le cas, par exemple, d'une donation entre vifs, faite sous-signature privée, ou si, faite devant notaire, les témoins n'ont pas réellement assisté à la signature de l'acte, s'il n'en a point été gardé minute, ou si elle n'a point été formellement acceptée. Ces nullités ne peuvent jamais être couvertes, pas même par l'exécution de la donation consentie volontairement par le donateur. Bien plus, celui qui a accepté la cession d'une donation par lui faite peut se prévaloir de tous les vices de formes qui pourraient infecter l'acte de donation lui-même. C'est ce qui a été décidé par la Cour de cassation dans plusieurs circonstances.

Remarquons toutefois, qu'aux termes de l'art. 1340 du Code civil, la ratification, confirmation ou exécution volontaire d'une donation de la part des héritiers ou ayant-cause du donateur, après son décès, emporte leur renonciation à opposer, soit les vices de forme, soit toute autre exception.

3° Tout acte de ratification est encore impossible, lorsqu'il s'agit d'une obligation contractée sans cause ou sur une fausse cause. En effet, on ne peut ratifier que ce qui a existé réellement, quoique manquant de force par quelque vice. Mais comme la loi déclare formellement qu'il ne peut y avoir d'obligation sans objet ou sans cause licite, et qu'elle prononce la nullité de plein droit, au lieu d'autoriser seulement l'action en rescision, la ratification porterait sur une convention qui n'a pas eu d'existence légale, et par suite, ne pourrait produire aucun effet.

Les divers principes que nous venons d'exposer s'appliquent à tous les vices, soit intrinsèques, soit extrinsèques. Les nullités qui résultent de la violation des formes, comme celles qui tiennent au fond, peuvent se couvrir par les ratifications, sauf les exceptions que nous venons d'indiquer.

La ratification du fond d'un contrat est en quelque sorte un nouveau titre; il n'en est pas de même de la ratification d'un vice de forme. D'où il faut nécessairement conclure que l'on peut attaquer au fond un acte dont on a ratifié la forme, primitivement nulle; et qu'au contraire, on ne peut attaquer pour vice de forme un contrat que l'on aurait ratifié au fond, c'est-à-dire purement et simplement.

Voyons maintenant de quelle manière doivent être faites les ratifications.

La ratification par laquelle nous confirmons un acte passé par nous ou par ceux que nous représentons, la seule, du reste, dont nous ayons à nous occuper, peut être expresse ou tacite.

De la ratification expresse. — Aux termes de l'art. 1338 du Code civil, la ratification expresse ou par acte n'est valable que lorsqu'on y trouve la substance de l'acte ratifié, la mention du motif de l'action en rescision, et l'intention de réparer le vice sur lequel cette action est fondée.

1° *La substance de l'acte ratifié.* — En effet, il est indispensable de connaître la nature de l'acte qu'il s'agit de ratifier, et de savoir quelles sont ses diverses dispositions. Et pour arriver à ce résultat, le meilleur moyen est de ramener les conventions de l'acte dans la ratification. Ainsi, s'il s'agit d'un contrat de vente, l'acte de confirmation devra faire mention du prix et désigner d'une manière suffisante la chose vendue. Il serait autrement facile de contester le sens que l'on a entendu donner à la ratification.

2° *La mention du motif de l'action en rescision.* — Cette mention est indispensable pour établir que l'acte de ratification n'est point obtenu par surprise, et pour prouver que celui qui confirme connaît parfaitement le vice du contrat dont il consent à ne pas se prévaloir. — Il faut nécessairement conclure de ce principe, malgré toutes les discussions auxquelles les auteurs se sont livrés, que lorsqu'un contrat renferme plusieurs vices intrinsèques, tels que la violence, le dol, la lésion, la ratification qui n'est motivée que sur l'un de ces vices, ne peut nullement empêcher d'attaquer l'acte à raison des vices qui ont été passés sous silence dans l'acte de confirmation. En effet, la force de la ratification repose sur le consentement de celui qui la donne; et l'on n'est pas présumé renoncer à un droit que l'on ne connaît pas; il faut, au contraire, une volonté explicite. Du reste, les termes de l'art. 1338 du Code civil, ne font pas de distinction : si le motif de l'action en rescision n'est pas énoncé, la confirmation est insuffisante et ne produit aucun effet.

Et 3° *L'intention de réparer le vice sur lequel l'action en nullité peut être fondée....* — Les motifs de cette condition sont les mêmes que ceux de la précédente. Cependant, si la preuve de la volonté résultait d'autres écrits, rapprochée de la confirmation qui ne contiendrait qu'imparfaitement l'énonciation de cette volonté, le juge devrait maintenir la ratification.

L'art. 1338 déclare que l'acte de ratification n'est valable qu'autant que ces trois conditions sont remplies. Mais, ainsi que l'enseignent MM. Toullier et Duranton, il n'est pas dénué de toute force, et il peut servir de commencement de preuve par écrit, quoiqu'il manque de quelqu'une de ces conditions.

Le mineur, aux termes de l'art. 1311 du Code civil, n'est pas recevable à revenir contre l'engagement qu'il a souscrit en état de minorité, s'il l'a ratifié après avoir atteint l'âge de majorité, sans que cet article l'astreigne à aucune forme spéciale; mais il est incontestable que l'art. 1338, qui règle la forme des ratifications en général, doit être respecté, et qu'il n'y a point d'exception à établir à l'égard de la rescision pour cause de minorité.

Du reste, il est bon d'observer qu'aucune formalité extrinsèque particulière n'est exigée pour les actes de ratification, et qu'ils peuvent être faits indifféremment sous signature privée ou en la forme authentique.

De la ratification tacite.—L'art. 1338 du Code civil porte: « A défaut d'acte de ratification ou de confirmation, il suffit que l'obligation soit *exécutée volontairement* après l'époque à laquelle l'obligation pouvait être valablement confirmée ou ratifiée. »

Cette rédaction semblerait indiquer que la loi ne reconnaît que l'exécution volontaire comme caractère de la ratification tacite. Il faut cependant l'entendre dans le sens énonciatif et non dans un sens restrictif; et il doit le concilier avec l'art. 1115, qui porte que le vice résultant de la violence ne peut plus être opposé par celui qui a approuvé le contrat, *soit expressément, soit tacitement, soit en laissant passer le temps de la restitution fixé par la loi.*

Ainsi, l'approbation tacite, résultant du silence de la partie pendant le temps déterminé par la loi pour intenter l'action en rescision, suffit pour entraîner la ratification du contrat.

Remarquons, du reste, avec M. Toullier, que la ratification provenant de l'exécution d'une obligation, n'a lieu que tout autant qu'elle est volontaire. Mais, dans ce dernier cas, il importe peu que l'exécution soit entière ou partielle, pourvu qu'elle soit faite avec connaissance de cause, et que l'obligé ait acquis la capacité nécessaire pour réparer les vices de l'obligation.

Il suffit quelquefois de la présence à un acte et du défaut de réclamation, pour tenir lieu de ratification tacite.

La présence de la partie avec laquelle l'acte nul a été passé, n'est pas exigée lors de la ratification tacite. En effet, la réunion du consentement valable au consentement donné précédemment par l'autre partie, établit un concours de volontés qui se reporte au contrat primitif et le consolide d'une manière définitive.

De l'effet des ratifications.

L'art. 1338 du Code civil se termine ainsi : « La confirmation, ratification ou exécution volontaire dans les formes et à l'époque déterminées par la loi, emporte la renonciation aux moyens et exceptions que l'on pouvait opposer contre cet acte, sans préjudice néanmoins du droit des tiers. »

Il est bien évident, toutefois, ainsi que nous l'avons déjà fait remarquer, que la ratification ne peut s'étendre à une cause de rescision non prévue par les contractants, et qu'elle ne produit que les effets que les parties ont eu en vue.

De ce principe, découlent deux règles importantes au sujet de rétroactivité.

1° Vis-à-vis de la personne qui ratifie, la confirmation remonte [au] jour même du contrat.

Cela résulte, ainsi que l'enseignent MM. Toullier, Duranton [et] Merlin, du but même de la ratification, qui est d'empêcher celui q[ui] ratifie de se prévaloir des vices réels ou apparents dont le contrat éta[it] atteint; d'où il suit que, relativement à lui, la validité est fixée [à] l'époque où l'acte a été passé. — Tels sont, par exemple, les actes fa[its] par les incapables, et ratifiés par eux, lorsqu'ils ont acquis la capaci[té] qui leur manquait.

2° Relativement aux tiers, la rétroactivité de la confirmation [ne] peut nuire à leurs droits acquis.

Ce principe ne peut souffrir aucune difficulté à l'égard des nullit[és] absolues susceptibles de ratification. En effet, dans ce cas, rien n'exis[te] que par l'acte de ratification.

Mais la rétroactivité a lieu dans le cas de nullités simplement rela[-]tives; ce ne sont pas, en effet, des nullités proprement dites. L'ac[te] subsiste et doit produire tout ses effets, si celui qui avait seul droit d[e] l'attaquer n'en provoque pas l'annulation. Et la ratification n'est autr[e] chose, ici, que la renonciation au droit de provoquer cette annula[-]tion.

Ainsi, la ratification par un mineur devenu majeur, d'un acte fa[it] pendant sa minorité, a un effet rétroactif au jour du contrat.

Il résulte de l'art. 1340 du Code civil, que lorsqu'il s'agit d'un[e] donation, la ratification, confirmation ou exécution volontaire, pa[r] les héritiers du donateur après son décès, emportent renonciation [à] opposer soit les vices de forme, soit toute autre exception. Il n'en es[t] pas de même d'une ratification faite *du vivant du donateur* par u[n] héritier présomptif; elle doit être considérée comme non-avenue même après son décès.

CODE DE COMMERCE.

Des commerçants. — Quel est leur caractère.

Certains actes sont différemment interprétés et ressortissent de tribunaux différents, suivant qu'ils sont faits avec des commerçants ou des non-commerçants. De plus, le commerçant a des droits, et est assujetti à des obligations particulières, tels que : le droit de concorder avec ses créanciers, lorsqu'il se trouve placé dans certains cas déterminés, et que la majorité de ces derniers y consent, et l'obligation de tenir des livres de commerce. Des raisons d'utilité publique se joignent donc aux raisons d'utilité juridique pour établir la nécessité de la définition du commerçant.

L'art. 1er du Code de commerce attribue la qualité de commerçant à ceux qui exercent des actes de commerce, et qui en font leur profession habituelle. Ce n'est point là une définition complète; il faudrait ajouter, en effet, ce que c'est qu'exercer des actes de commerce. L'énumération contenue dans les art. 632 et 633 du Code, ne remplit pas tout à fait ce but; car ces articles ne peuvent pas être considérés comme limitatifs. Aussi, en nous attachant à l'esprit plutôt qu'à la lettre de ces articles, nous définissons le commerçant : Celui qui, agissant avant tout dans un esprit de spéculation, se livre habituellement à un trafic sur des objets considérés par la loi comme meubles.

Ainsi, toute entreprise, comprise ou non dans l'énumération précitée, si elle a la spéculation pour but, rentre dans la catégorie des actes de commerce. Telles sont les assurances terrestres et maritimes, certaines entreprises de bâtiments, etc.

Ces principes posés, nous devons considérer comme commerçants :
1° Ceux qui achètent pour revendre; peu importe, d'ailleurs, que la chose vendue ait ou n'ait point subi de modifications. Il n'en est pas

ainsi cependant lorsque la chose revendue n'est qu'accessoire, com[me]
la toile et le cadre dans la vente d'un tableau. 2° Les agents interm[é]
diaires, les commissionnaires des ventes, et 3° les manufacturiers […]
remplissent les conditions de la définition que nous avons déjà donn[ée.]

Cette définition, beaucoup plus précise que celle du texte, souf[fre]
cependant quelques exceptions consacrées par la jurisprudence. Ai[nsi]
les pharmaciens, les débitants de tabac, etc., ne doivent pas être c[on]
sidérés comme commerçants; heureusement ces exceptions sont ra[res.]
L'Etat, à quelque spéculation qu'il se livre, agit dans l'intérêt pub[lic]
et n'est pas non plus commerçant.

Il y a deux sortes d'actes de commerce : 1° Ceux qui sont répu[tés]
tels, par une présomption déduite de la qualité des contractan[ts]
et 2° ceux déclarés tels en eux-mêmes et indépendamment de la p[ro]
fession des personnes qui les exercent.

On peut donc faire des actes de commerce qui appellent leurs a[u]
teurs devant la juridiction consulaire, sans leur donner la qualité [de]
commerçants, et sans qu'ils puissent réclamer pour eux les fave[urs]
dont jouissent ces derniers.

Aux termes de notre définition, l'esprit de spéculation doit por[ter]
sur des choses mobilières. D'où il résulte que les acquéreurs d'imm[eu]
bles ne sauraient être qualifiés de commerçants; cependant, lorsq[ue]
dans l'intention de l'acquéreur, les immeubles sont considérés com[me]
meubles et doivent être revendus comme tels, on retrouve dans [ce]
trafic le caractère de spéculation mobilière, et on le fait rentrer d[ans]
la classe des actes de commerce.

Un seul ou plusieurs actes de commerce, à de longs intervalles, [ne]
suffiraient pas pour donner à leur auteur la qualité de commerça[nt;]
il faut que ces actes soient habituels et que cette habitude soit acco[m]
pagnée de l'esprit de spéculation. Il n'est cependant pas nécessaire q[ue]
la profession soit exclusive.

Des incapables.

En principe, toute personne capable de contracter est capable [...]

faire le commerce ; ainsi, ni la qualité d'étranger, ni la mort civile ne s'opposeraient à ce que un individu fît le commerce, sous les modifications qui résulteraient de son état. Cependant, certaines exceptions sont devenues nécessaires pour répondre au vœu de la nature et de la loi.

Au premier rang des incapables figure le mineur ; il n'est pas cependant incapable d'une manière absolue. En effet, le mineur émancipé et âgé de dix-huit ans, peut être commerçant. Il doit avoir toutefois l'autorisation de son père, et à son défaut, de sa mère ou du conseil de famille, sauf, dans ce dernier cas, l'homologation du tribunal. Ajoutons que cette autorisation doit être affichée ; c'est là une formalité indispensable, car le mineur pourrait se faire restituer contre ses engagements si elle n'avait pas été remplie. Le mineur, qui réunit les conditions que nous venons d'énumérer, est réputé majeur pour tout ce qui a trait à son commerce. Par suite, il est soumis à la contrainte par corps, et ses engagements ne sont pas réductibles, quoique entachés de lésion, dans tous les cas où le majeur ne pourrait être relevé. Il a le droit sans autorisation nouvelle, d'acheter et vendre tout ce qui fait l'objet de son commerce, de transiger, ester en jugement et même d'hypothéquer ses immeubles. On doit cependant observer pour la vente de ses biens, les mêmes formalités qu'à l'égard du mineur ordinaire ; sauf les droits des créanciers qui peuvent provoquer la vente par expropriation forcée ; c'est la conséquence du droit d'affecter par hypothèque.

Pour que les actes du mineur aient la même force que ceux du majeur, il faut qu'ils concernent les opérations du commerce qui lui sont permises ; les engagements qu'il aurait contractés, en dehors de son commerce, pourraient être annulés. Nous devons remarquer, en effet, un point essentiel, c'est que le mineur n'est réputé majeur qu'à l'égard des actes qu'il a été autorisé spécialement à faire. L'autorisation qui lui est accordée n'est pas générale ; loin de là, elle peut être restreinte ou étendue, suivant la volonté de celui qui la donne ; c'est donc à cette autorisation qu'il faudra avoir recours pour connaître l'étendue des droits du mineur.

Cette autorisation n'est pas irrévocable; elle peut être retirée, par exemple, si le mineur se montre incapable dans le commerce qu'on l'a autorisé à faire.

La femme mariée, quoique majeure, figure au second rang des incapables; mais cette incapacité tient à des motifs de convenance dont le mari est le seul juge; la justice n'aura donc jamais à intervenir, le mari **seul** doit prononcer. Par suite, tandis que l'autorisation donnée au mineur doit être expresse, celle accordée à la femme peut être tacite et s'induire d'une simple tolérance.

Si la femme mariée qui veut faire le commerce est mineure, indépendamment de l'autorisation de son mari, elle doit avoir celle de la personne sous la puissance de laquelle elle se trouverait si elle n'était point mariée, ou du conseil de famille; si au contraire c'est le mari qui est en état de minorité, la femme devra avoir son consentement et celui de la famille de ce dernier, mais seulement dans le cas où son commerce doit engager la fortune du mari.

La femme commerçante n'acquiert pas un droit nouveau par l'autorisation de son mari, elle recouvre seulement les droits que le mariage lui avait fait perdre; aussi, a-t-elle de plus que le mineur, le droit d'aliéner les immeubles en se conformant aux règles du Code civil. On peut exercer contre elle les mêmes poursuites que contre un commerçant ordinaire; elle est, malgré l'exception en faveur des femmes, contraignable par corps. Si les époux ont adopté le régime de la communauté, le mari est engagé comme la femme, non-seulement sur les biens de la communauté, mais même sur ses biens personnels.

Il existe entre la femme mariée et le mineur cette différence, qu'elle peut être autorisée d'une manière générale à faire le commerce, mais non à faire des actes isolés. Une autorisation pour une affaire particulière ne la soumettrait qu'à une action directe et personnelle.

Dans aucune circonstance la femme ne peut paraître en justice sans l'autorisation de son mari.

De ceux auxquels le commerce est interdit.

La loi, par des motifs de convenance faciles à apprécier, a interdit le commerce aux magistrats, aux avocats, aux consuls en pays étrangers, et aux officiers de marine; la même interdiction est imposée aux ecclésiastiques par les canons de l'Eglise et la décence. C'est la pro-profession, le trafic qui sont défendus et non des actes isolés faits sans but de spéculation. Les actes de commerce accomplis par ceux auxquels le commerce est interdit, ne doivent pas être annulés, ils doivent tenir pour eux et contre eux; seulement leurs auteurs sont à la disposition de leurs supérieurs. Il n'est point permis de violer indirectement les dispositions; par exemple, en autorisant tacitement à faire le commerce, les femmes communes en biens. Dans ce cas, c'est exactement comme si le mari faisait le commerce lui-même.

DROIT ADMINISTRATIF.

Du mode d'introduction des instances devant les tribunaux administratifs, et spécialement devant les ministres, les préfets, les conseils de préfecture et le conseil d'Etat.

Le droit administratif, droit spécial, a donné naissance à une procédure spéciale et bien distincte des procédures codifiées. Les pétitions y sont subsistuées presque toujours aux actes judiciaires et extrajudiciaires. Nous allons du reste indiquer les principales dispositions de cette procédure fort simple, en distinguant le mode qu'il faut suivre devant les tribunuux.

Ministres.

Les demandes adressées par de simples particuliers contre l'administration sont introduites par pétitions. Ces pétitions ne sont assujetties à aucune formalité particulière; elles doivent seulement être faites sur papier timbré (Art. 12 de la loi du 13 brumaire an VII); l'usage avait depuis longtemps toléré la violation de cette disposition; mais aujourd'hui l'on est devenu plus rigoureux. — Les pétitions sont, immédiatement après leur réception, enregistrées au bureau du ministère, sur un registre spécial.

Lorsque des particuliers, des communes, ou des établissements publics forment auprès du ministre, dans les limites de la compétence de ce dernier, des demandes contre d'autres particuliers ou des personnes morales, une pétition ne suffit plus pour introduire l'instance. En effet, une décision ne peut dans ce cas intervenir qu'à suite de discussion contradictoire; il faut donc que la partie adverse soit mise en demeure de se défendre; elle doit être assignée par huissier en la forme ordinaire.

Si l'administration forme des demandes contre un particulier, un établissement public, ou une commune, la partie peut être mise en demeure par une simple lettre ou avis officieux.

Préfets et conseils de préfecture.

Devant les préfets et les conseils de préfecture, de même que devant les ministres, les demandes sont introduites par simple pétition sur papier timbré. Elles sont enregistrées dans l'un des bureaux de la préfecture, où doivent être en même temps déposées les pièces à l'appui.

Les actions des particuliers contre les particuliers et les personnes morales, ne sont introduites que par acte extrajudiciaire. Quant à celles intentées au nom de l'administration, la notification administrative suffit, dans quelques cas prévus par la loi.

Le conseil de préfecture est toujours présidé par le préfet. C'est lui qui introduit toutes les affaires, même celles adressées directement au conseil. Il faut cependant remarquer que le préfet n'est pas membre, quoique président, et qu'il n'a pas le droit de délibérer sur les affaires contentieuses qui sont de la compétence de ce tribunal.

Conseil d'Etat.

Devant le conseil d'Etat, de même que devant les ministres et les préfets, le mode d'introduction des instances varie avec la qualité des parties. Ainsi, il faut distinguer si elles sont introduites :

1º Au nom et contre de simples particuliers ;

2º Au nom et contre des départements, communes et établissements publics ;

3º Au nom de l'administration ou contre elle.

PREMIÈRE SECTION.

Au nom et contre de simples particuliers.

Dans ce cas toute la procédure consiste dans le dépôt d'une requête au secrétariat du conseil, et la notification d'une ordonnance de *soit communiqué*.

La requête doit contenir les noms et domiciles de toutes les parties, l'exposé sommaire des faits et moyens, les conclusions, l'énonciation des pièces dont on veut faire usage, et l'annexe de ces pièces ; cette requête doit être signée d'un avocat aux conseils. (Régl. du 22 juillet 1806 ; art. 1er.)

Dans certains cas spéciaux, la partie peut se dispenser de cette dernière formalité, et signer elle-même à la place de l'avocat aux conseils ; par exemple, en matières de contributions directes, d'élections départementales et municipales. — Il faut en outre remarquer que l'article 1er du réglement du 22 juillet 1806 précité, ne concerne que les affaires contentieuses et que par suite, les affaires quasi-contentieuses peuvent être adressées directement au conseil d'Etat par la partie elle-même ou par son fondé de pouvoirs spécial.

La requête, avons-nous dit, doit contenir les noms et domicile des parties, l'exposé des faits, les conclusions, l'énonciation et l'annexe des pièces à l'appui. Il est facile de se rendre compte de l'exigence de ces formalités, qui, par leur oubli, devraient nécessairement entraîner la nullité de la requête. Mais lorsque, ainsi que cela peut arriver parfois dans la pratique, on ne peut satisfaire à toutes ces conditions, desquelles dépend la validité de la requête, la jurisprudence autorise le dépôt d'une requête sommaire; mais le pourvoi serait irrévocablement rejeté si on ne le faisait suivre dans les délais prescrits d'une requête ampliative.

Il est bon de faire observer qu'immédiatement après leur dépôt et leur inscription au secrétariat du conseil, toutes les requêtes sont soumises à l'enregistrement et au timbre, conformément au décret du 1 juin 1806 (art. 27) et au règlement du 22 juillet 1806 (art. 2 et 48).

Sur l'exposé qui est fait au conseil, par l'un de ses membres, de la requête déposée ainsi qu'il a été dit, on en ordonne la communication aux parties intéressées, pour qu'elles puissent répondre et fournir leurs défenses dans les délais fixés par le règlement. A l'expiration de ce délai, il est passé outre au rapport, quelles que soient les pièces et les réponses fournies.

Avant 1830 et conformément d'ailleurs à l'art. 29 du décret du 1 juin 1806, la communication était facultative; aujourd'hui, elle a lieu dans tous les cas.

Lorsque l'ordonnance de soit communiqué est rendue, elle doit être, aux termes de l'art. 12 du règlement de 1806 précité, signifiée aux défenseurs dans le délai de trois mois sous peine de déchéance. Il faut observer toutefois que les délais portés dans l'art. 73 du Code de Procédure Civile doivent être ajoutés à celui de trois mois ci-dessus, pour ceux qui résident hors de la France continentale. Ces délais ne peuvent être augmentés que dans des cas fort graves, laissés, du reste, à l'appréciation du conseil.

Cette signification, qui ne pourrait être remplacée par une assignation directe, met en cause la partie adverse, et, dès ce moment, l'instance est engagée contradictoirement.

Le ministère des huissiers est indispensable pour cette notification;

elle est faite aux domicile ou aux personnes même de toutes parties intéressées, leurs noms et demeures se trouvent, du reste, dans l'ordonnance de soit commuiqué. La copie notifiée est certifiée par l'avocat et le secrétaire général du conseil, chacun pour ce qui le concerne.

DEUXIÈME SECTION.

Instances introduites au nom et contre des départements, communes et établissements publics.

Tout ce que nous avons dit dans la première section est applicable aux matières que nous avons classées dans la seconde. Ainsi, même manière d'adresser les requêtes, mêmes obligations dans la forme de ces dernières, mêmes délais et même déchéance au sujet de la notification de l'ordonnance de soit communiqué, etc. Nous aurions pu, à la rigueur, réunir ces deux sections et n'en former qu'une. — Remarquons seulement que ce sont les préfets qui agissent au nom des départements, les maires au nom des communes, les administrateurs au nom des établissements, sauf les autorisations exigées par la loi dans les divers cas qui se présentent.

TROISIÈME SECTION.

Instances introduites au nom de l'administration ou contre elle.

La procédure suivie dans ces sortes d'instances déroge aux principes que nous avons posés dans les sections précédentes. En effet, les diverses administrations sont, aux termes de l'art. 16 du décret du 22 juillet 1806, dispensées de déposer des requêtes, de recourir au ministère d'un avocat aux conseils, et enfin d'obtenir et de faire notifier des ordonnances de soit communiqué. Les instances sont introduites à suite d'un rapport adressé par les ministres, chefs des diverses administrations, au garde des sceaux dans la plupart des cas, et quelquefois seulement au chef de l'état. On applique ce mode de procéder à toutes les affaires qui concernent les administrations générales.

L'ordonnance de soit communiqué est remplacée par un avis donné en la forme administrative, qui met en cause les adversaires de l'administration. Si cette dernière croit de son intérêt d'user du ministère d'un avocat, elle peut y recourir sans être pour cela assujettie aux formes ordinaires.

Les instances introduites contre l'administration au nom des particuliers, des communes, etc., doivent l'être en la forme ordinaire; seulement, dans ce cas, le dépôt qui sera fait au secrétariat du conseil de la requête et des pièces, vaudra notification aux agents du gouvernement, il en sera de même pour la suite de l'instruction (art. 17 du décret de 1806).

QUATRIÈME SECTION.

Jusqu'ici, nous n'avons considéré le conseil d'Etat que comme tribunal d'appel; il est cependant bon de dire un mot des instances qui sont portée *de plano* devant lui, et dans lesquelles il prononce en premier et en dernier ressort. Ces instances ne rentrant dans aucun des cas ci-dessus, nous en faisons l'objet d'une nouvelle section.

Nous citerons, par exemple, les contestations qui peuvent s'élever au sujet des majorats, des établissements d'aliénés, de la Banque, etc... — Les concessions de mines, de cours d'eau, de desséchements de marais, peuvent aussi donner lieu à des oppositions que le conseil d'Etat seul est appelé à juger.

Toutes ces instances sont introduites en la forme ordinaire, peu importe, en effet, pour la procédure, que l'affaire à juger soit en premier ou en dernier ressort.

Les demandes incidentes, dans une instance quelconque, doivent être formées par une requête sommaire. Les décisions du conseil d'Etat sont attaquables par la voie de la tierce opposition.

Législature et jurisprudence à l'appui. — Décrets des 11 juin et 22 juillet 1806. — M. Chauveau : *Procédure administrative*. — Divers arrêts du Conseil d'Etat. — M. de Cormenin : *Questions de Droit administratif*. — M. Macarel. — Sirey : *Jurisprudence du Conseil*.

Vu par le Président de la Thèse,

DUFOUR.

www.ingramcontent.com/pod-product-compliance
Lightning Source LLC
Chambersburg PA
CBHW062004070426
42451CB00012BA/2641